Licornes, livre de coloriage pour enfants à partir de 2 ans

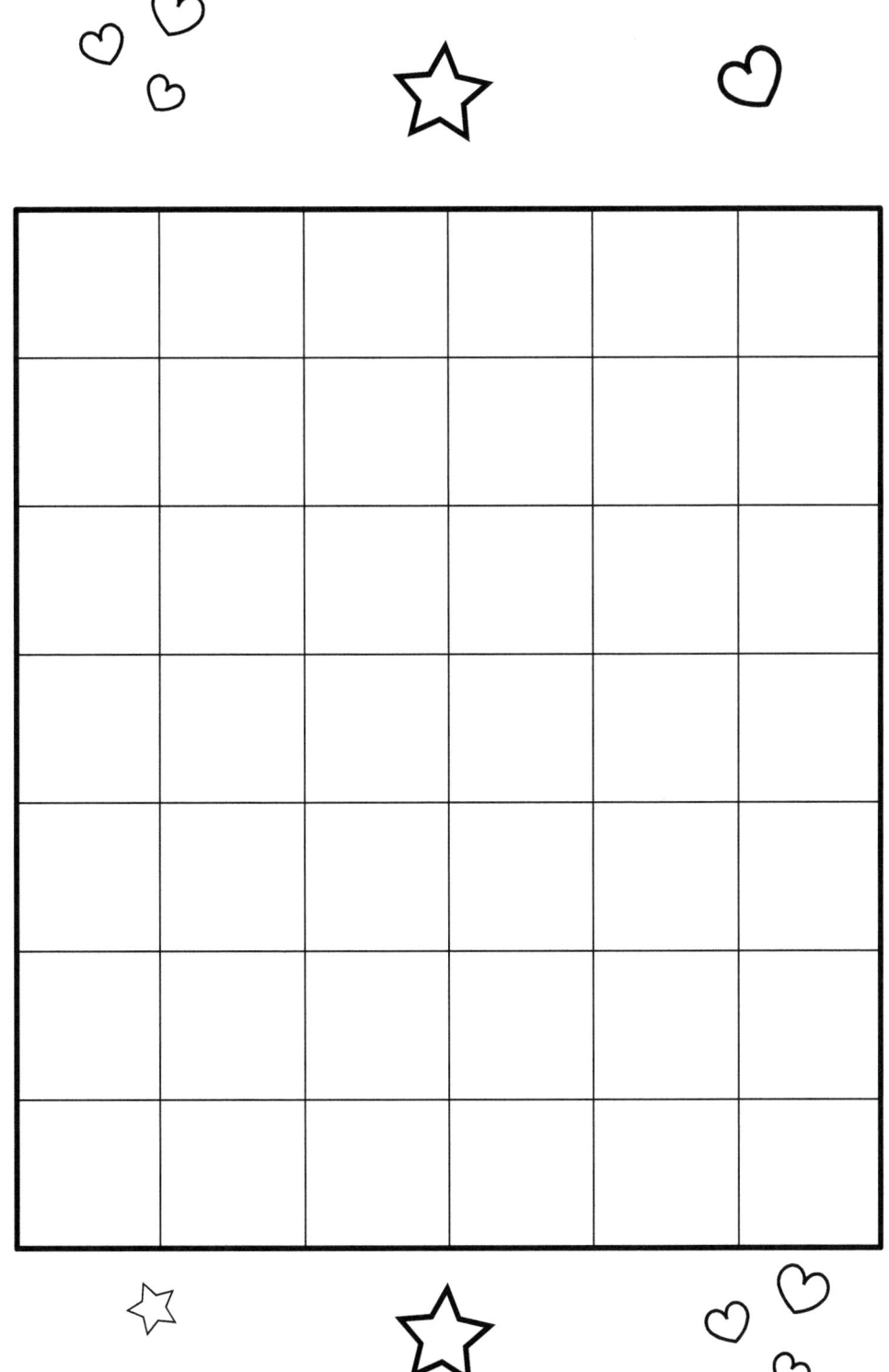

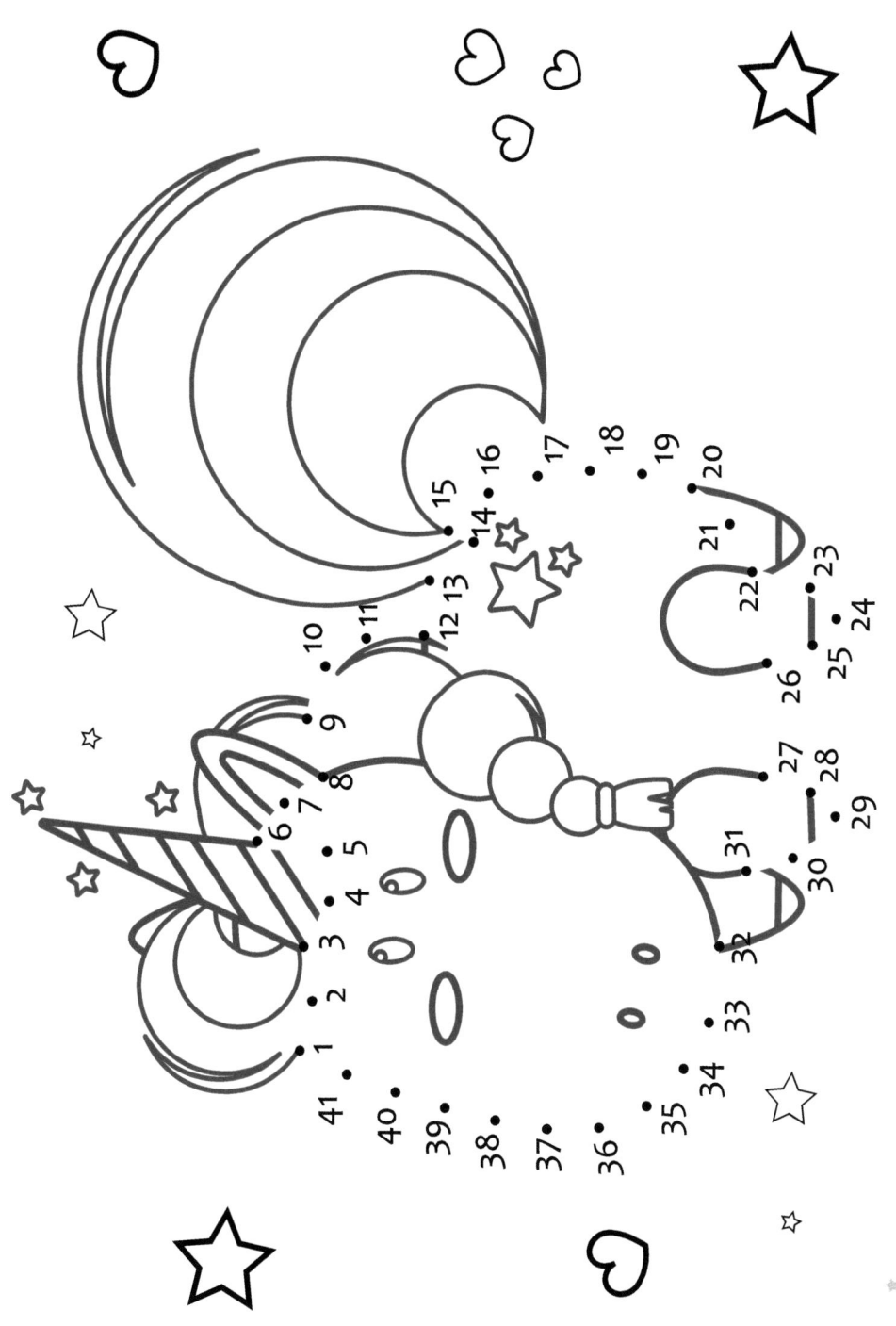

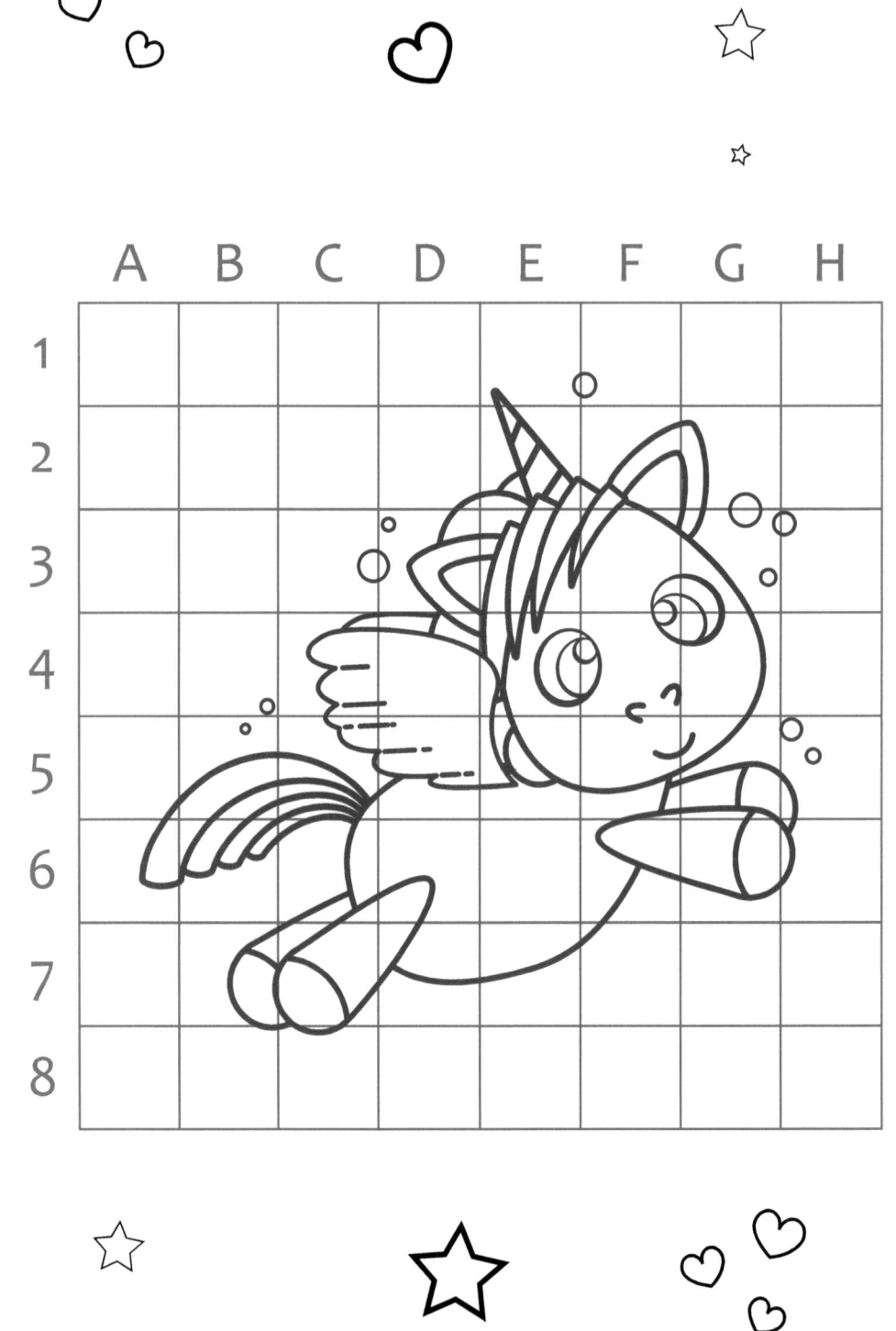

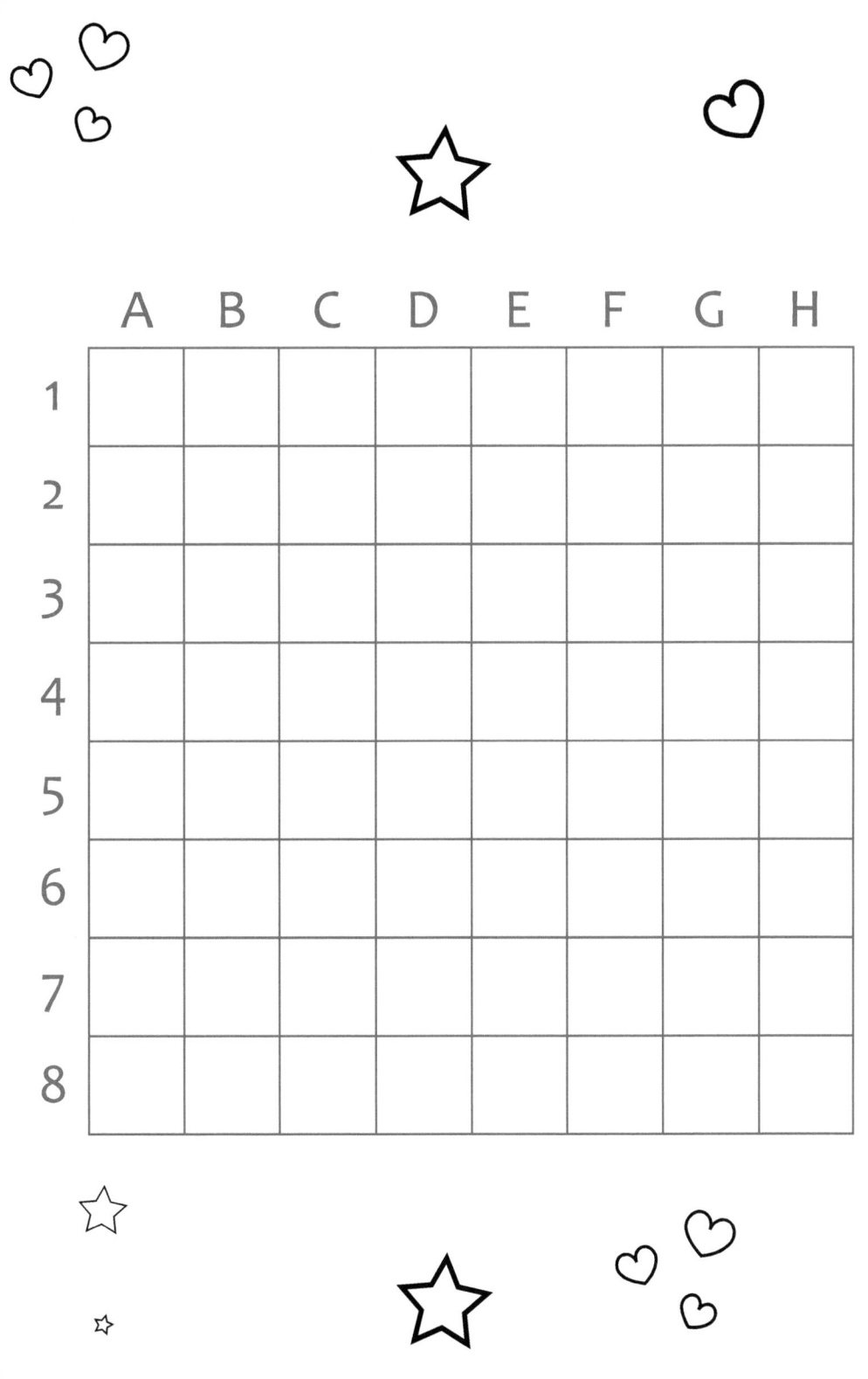

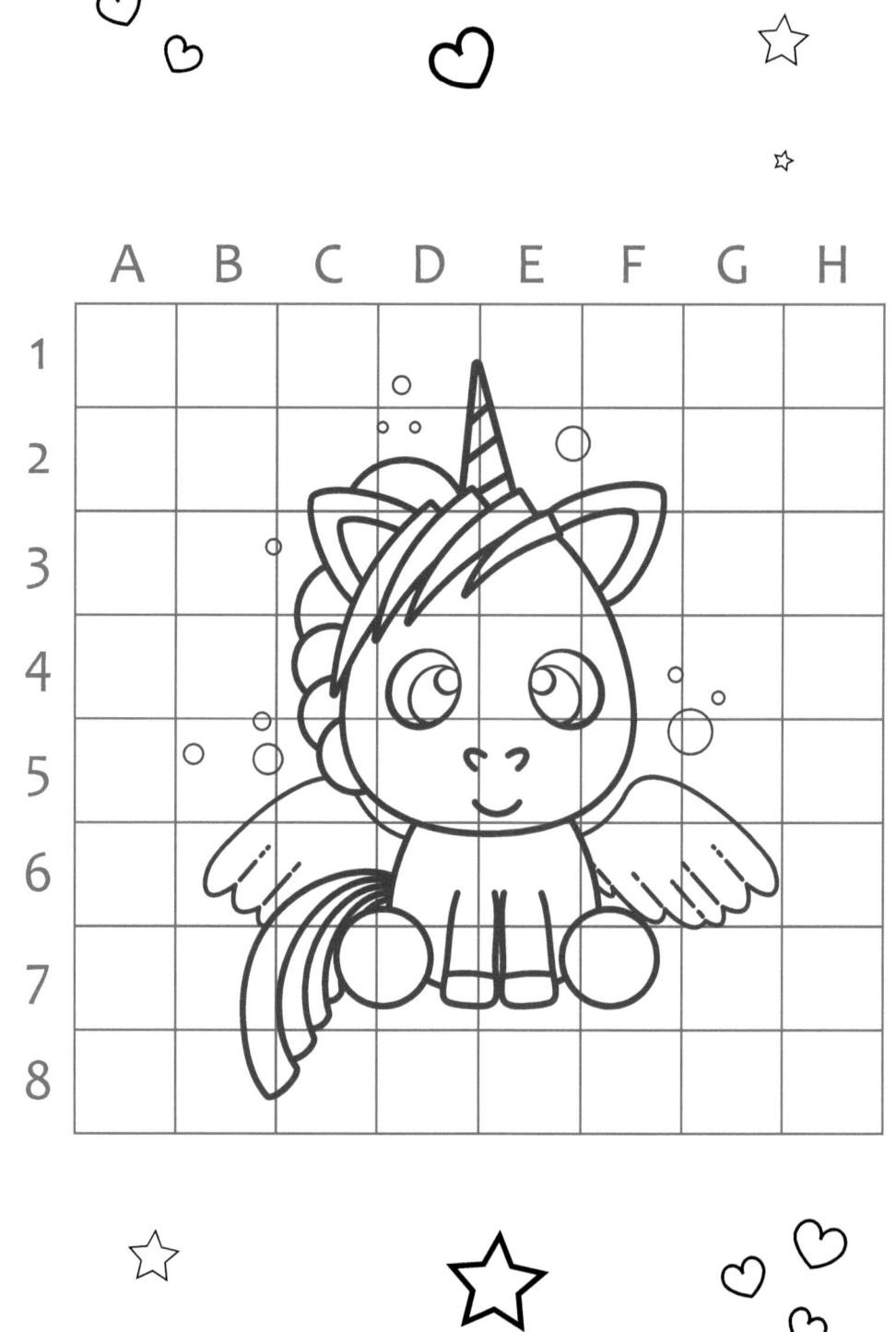

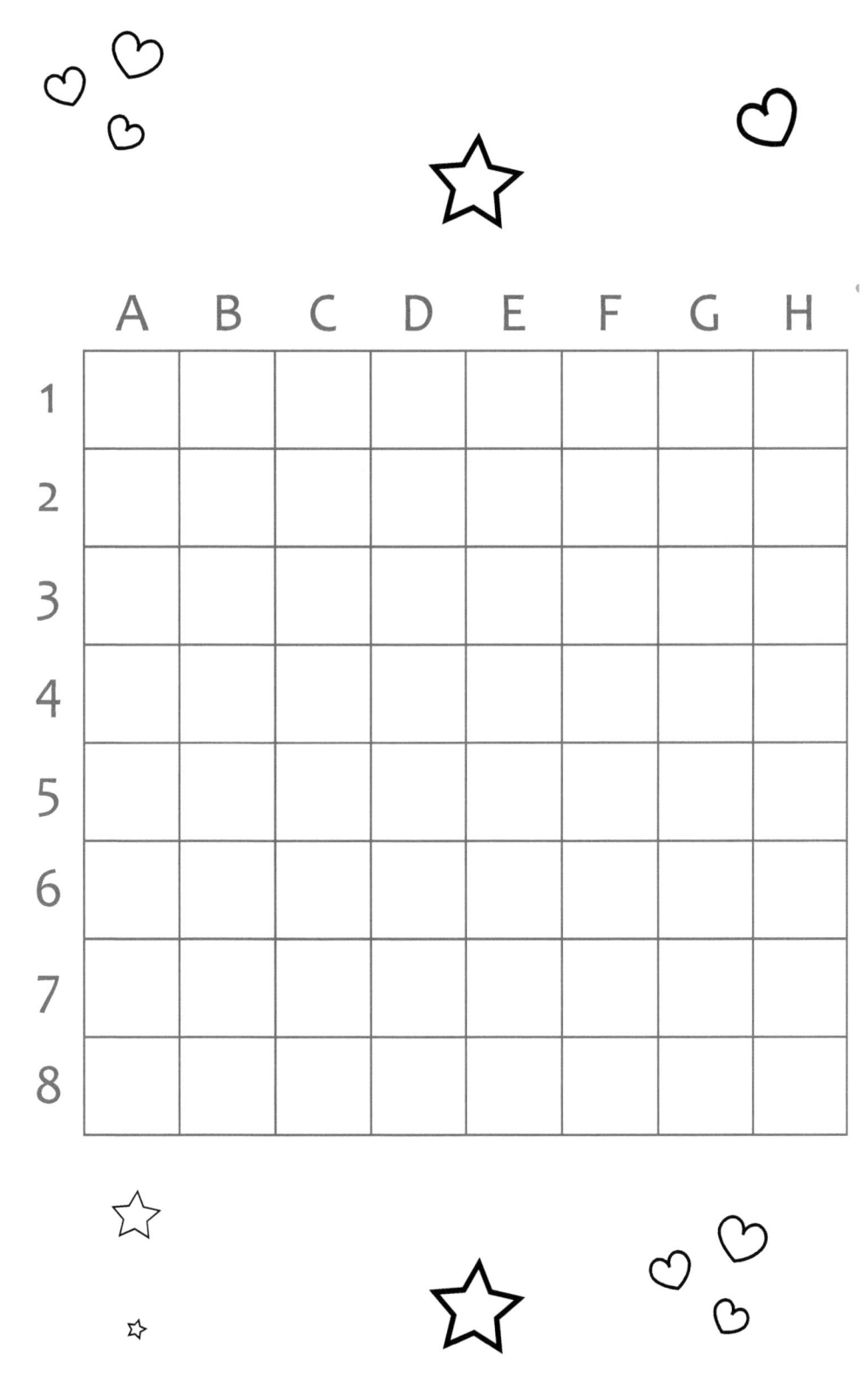

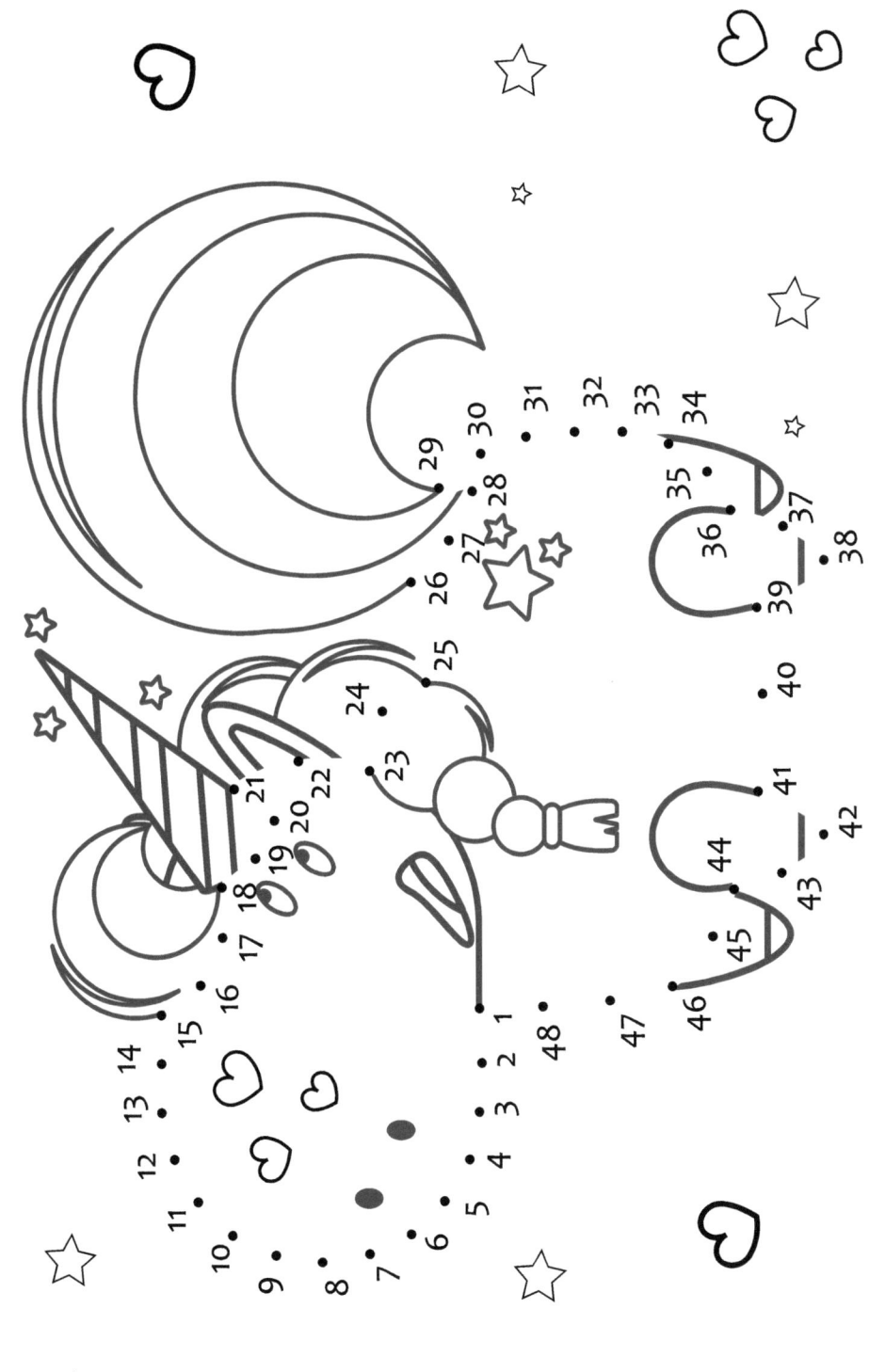

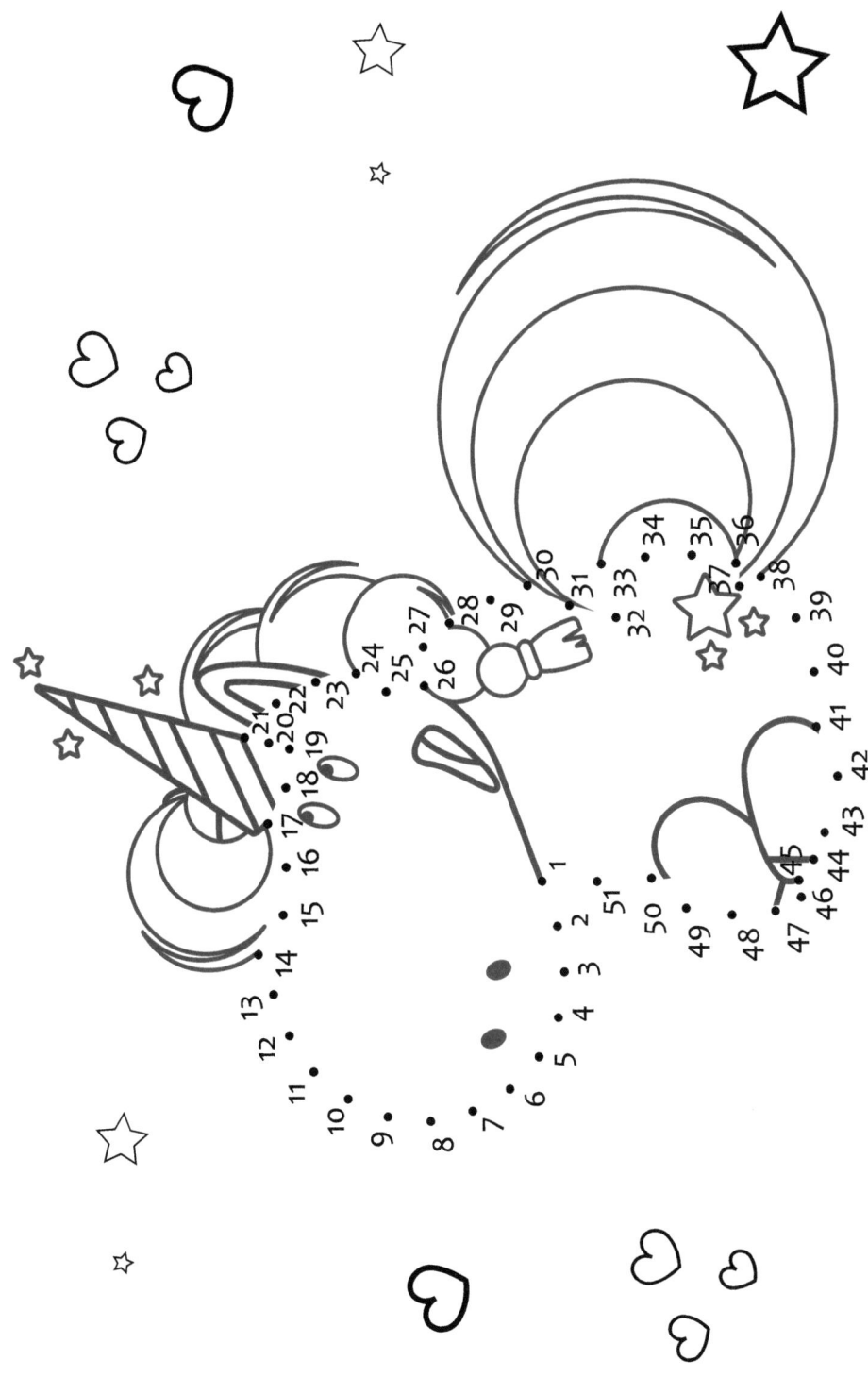

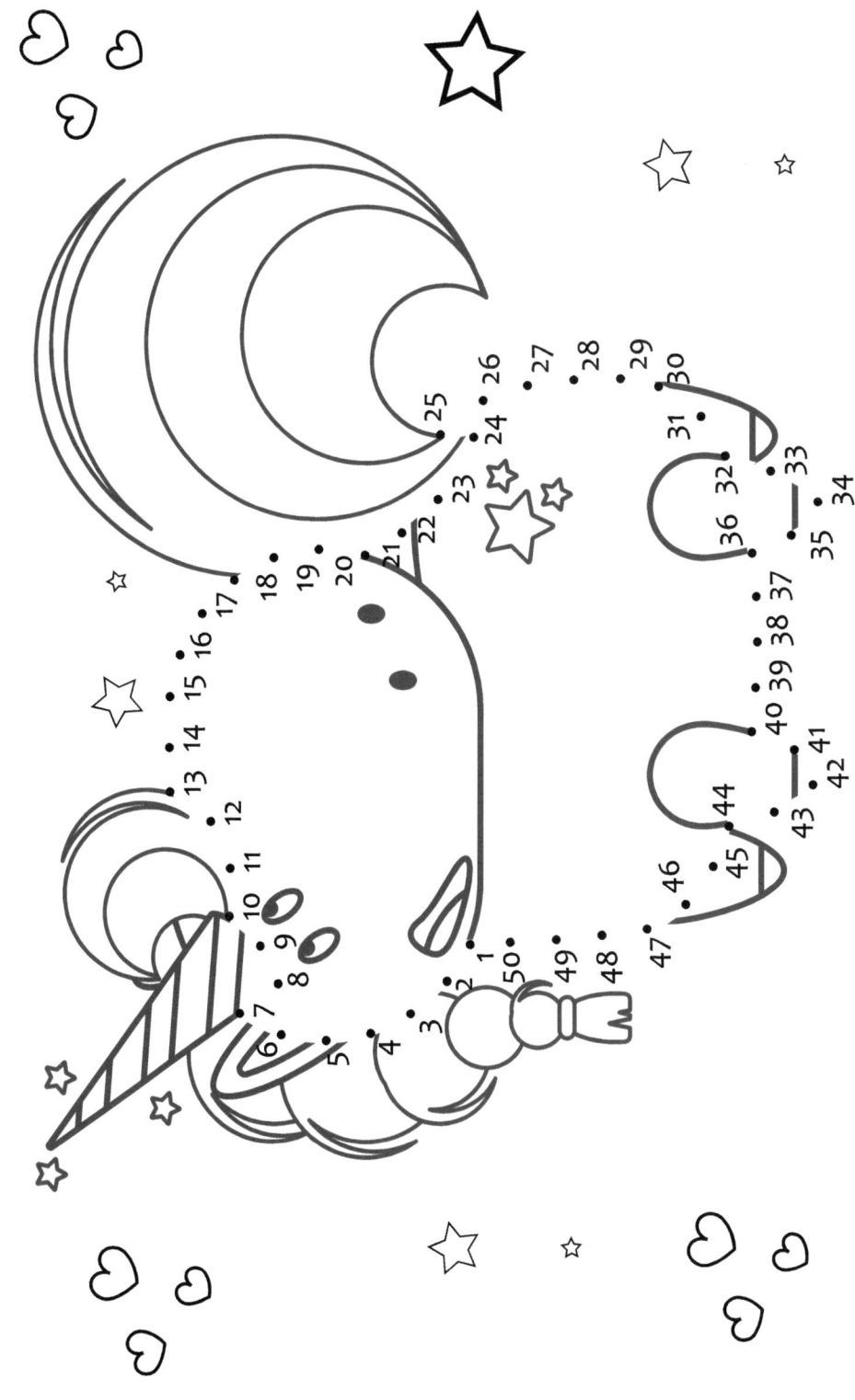

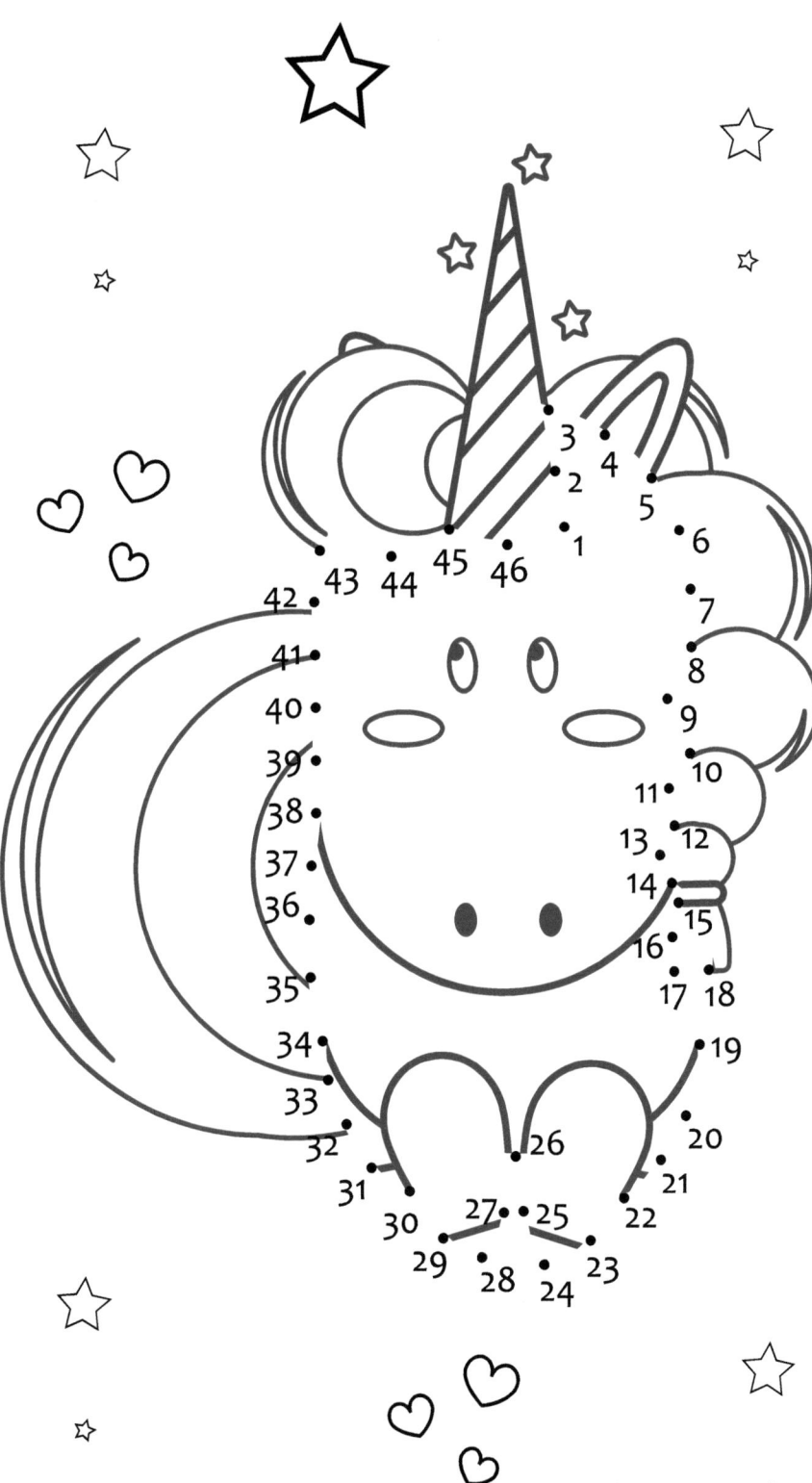

Impressum

Feddback
feedback@mertens-publication.de

Loi n°49-956 du 16 juillet 1949 sur les publications destinées à la jeunesse,
modifiée par la loi n°2011-525 du 17 mai 2011.

© 2019, Yuni Buze
© Mertens Ventures Ltd

Edition : Books on Demand,
12/14 rond-Point des Champs-Elysées, 75008 Paris
Impression : BoD - Books on Demand, Norderstedt, Allemagne
ISBN : 9782322102594
Dépôt légal : Juin 2019

Mertens Ventures Ltd.
Tefkrou Anthia No 2 Office 301
6045 Larnaca
Zypern
E-Mail: kontakt@mertens-publication.de